Made in the USA
Las Vegas, NV
02 April 2022

46725441R00073